DER MENSCH IST BÖSE

*Lehren und Sprüche
des Marquis de Sade*

IN EINER AUSWAHL VON
ERNST ULITZSCH

*Alfred Richard Meyer-Verlag
Berlin-Wilmersdorf*

HH

Impressum:
Hans-Jürgen Döpp (Hg.)
Marquis de Sade, Der Mensch ist böse.
© edition de l`œil
Frankfurt am Main 2014

Zeichnungen: Martina Kügler, Frankfurt am Main

ISBN 978-3-735758712
Herstellung und Verlag:
Books-on-Demand GmbH, Norderstedt

Der Text, in einer Auswahl von Ernst Ulitzsch, folgt der im Alfred Richard Meyer-Verlag, Berlin, 1920 erschienenen Ausgabe.

D. A. F. M. D. S.

Donatien Alphonse François Marquis de Sade ist der Bluthusten der europäischen Kultur. Als die Körper der Rokoko-Aristokraten immer muskelschwächer, die Moschusparfüms immer stärker wurden und es kaum einem möglich war, ohne Kantharidenbonbons in erotischen Krampf zu verfallen, stieß er mit kraftvollem Arm die Fenster schlecht gelüfteter Salons ein. Die Schuld lag gewiß nicht bei D. A. F., wenn nun, statt ersehnter Morgenluft, der Gestank des Schlachthauses einströmte, und jauchfahle Fratzen der frische Duft warmen Blutes zum Erbrechen reizte. Er hatte die Witterung der Persönlichkeit. In seinen Ohren hämmerte der Takt des Fallbeiles, ehe es errichtet ward; und während süßlicher Puder ein perverses Greisenleben hervorzauberte, sah er bereits am politischen Himmel den blutigen Andromedanebel. Er sah rot.

Aber er sah auch, ganz phrasenfrei, die ungeheure Tragik des Lebens darin, daß der Mensch einsam ist. Und folgerichtig versuchte er dieses Gefühl des Alleinseins bis in die dünne Höhenluft des individualistischen Anarchismus zu steigern, in der die Vereinigung in der Geschlechtlichkeit vor sich gehen kann. Er spielt, vor Proudhon und Stirner, mit dem Gedanken der „Gesellschaft" und haßt den Staat, der den menschlichen Willen kettet. Es ist wahr, er liebte die Nacht und das Verborgene, aber er erkannte auch hier die letzten Wünsche der menschlichen Seele, die sich zu tiefst immer gern dem Grauen ergibt. Und dann das andere: Cerebrales schätzte er nicht.

Er war der Prolet, dessen derbe Fäuste auf den Tisch dröhnten, der den rasierten Schädeln die Perücken abriß und mit nackten Schenkeln zum Lever erschien. Aber die Lenden spreizten sich sehnig und schrieen von unmenschlichen Gelüsten. Ja, er predigte das Böse, und glaubte nicht den schmalzigen Stimmen, die auch damals schon röchelten, daß der Mensch gut sei Und doch klingt aus dem furchtbaren Hohn die tiefe Trauer herauf: Warum ist das alles so?!

„Und ist das Böse nicht gut, und das Gute nicht bös?" schrieb Goethe, nach dem „Werther", der LaRoche.

Der Marquis de Sade versuchte es in einer Reihe dickleibiger Kolportageromane zu beweisen. Er schleifte die Menschheit zu Tode, aber er rettete seine Theorie.

Er ist der Abdecker der Literatur.

Ernst Ulitzsch.

Die Natur, die uns einsam gebar, befiehlt uns in keiner Weise unsere Nebenmenschen zu schonen. Wenn wir es doch tun, geschieht es aus Klugheit oder, richtiger gesagt, aus Egoismus. Wir fügen den anderen nichts zu, weil wir nicht wollen, daß uns etwas zu nahe rücke. Aber wer stark genug ist, eine Vergeltung nicht befürchten zu müssen, wird ruhig Böses tun, weil es keine heftigere Leidenschaft im Menschen gibt, als die, auszubeuten, zu unterjochen und zu vernichten.

Zweifellos kann es vorkommen, daß wir bei unseren Vergnügungen das Glück anderer zerstören – werden wir aber deshalb weniger freudig empfinden? Nur wenn wir uns herablassen, die Klagen der anderen anzuhören, wird ein Schatten über unseren Genuß fallen, aber sowie uns die Klagen bewegen, hat die Vernunft unseren Körper verlassen und ist in den des Leidenden geschlüpft. Sowie uns die Klagen rühren, sind wir zu unseren eigenen Feinden geworden. Wenn wir die anderen derart stören, daß sie nicht mehr zu klagen vermögen, oder wenn sie es aus Furcht nicht wagen, bleibt uns der Gedanke fern, unsere Lust zu beeinträchtigen.

Wäre es wohl vernünftig, daß uns die Natur Leidenschaften und Begierden gäbe und nicht gleichzeitig Gelegenheiten schüfe, wo wir sie in die Tat umsetzen könnten! Die Natur will nicht, daß man eine Anlage, die sie uns eingeimpft hat, unterdrücke - und den lächerlichen Vorwand, daß wir widernatürlich handeln, wenn wir leidenschaftlich sind, überlasse man den Dummköpfen.

In Kleinigkeiten wundern wir uns nicht über Geschmacksunterschiede, aber sobald es sich um die Wollust handelt, geht der Lärm los. Gerade diejenigen Frauen, welche infolge ihres geringen Wertes ängstlich darüber wachen, daß man ihnen nichts wegnehme, ereifern sich am meisten, wenn man auch noch so wenig an der von ihnen geforderten Verehrung abweicht. Und warum sollte der Mann gerade in der Zeugungstätigkeit, in der Sinnenlust weniger Geschmacksschwankungen unterworfen sein, als in den anderen Vergnügungen? Kann er dafür, daß ihn das anwidert, was anderen gefällt, und er das aufsucht, was andere abscheulich finden? - Wenn die Medizin genügend vorgeschritten wäre, würde sie uns die Absonderlichkeiten der Liebe genau so im Zusammenhang mit der natürlichen Veranlagung erklären, wie das den anderen „natürlich Erscheinende". Wo ist also eure Weisheit, wo sind eure Gesetze, Strafen, euer Paradies, eure Hölle, euer Gott - ihr Gesetzgeber, Pedanten, Henkersknechte, Mörder, Menschenzüchter, wenn erwiesen ist, daß diese oder jene natürliche Veränderung im Blutkreislauf oder im Nervensystem aus einem Menschen das macht, was man mit schrecklichen und unsinnigen Strafen Verfolgt!

Einstmals mußte man seine Leidenschaften mit dem Tode büßen, heutzutage begnügt man sich, uns dafür vorübergehend zu bestrafen. Sobald der Mensch aber einmal auf einer höheren philosophischen Stufe stehen wird, werden selbst die Einschränkungen aufgehoben werden. Man wird erkennen, daß wir nicht Herr unserer Neigungen sind und dafür ebensowenig zu büßen haben, als wenn uns die Natur schief oder verkrüppelt entstehen ließ.

Auch die heftigsten Gewissensbisse können uns nach der Tat nicht mehr helfen. Sie können das geschehene Übel nicht mehr verringern - und da die Gewissensbisse *stets erst nach der Tat* auftreten, so taugen sie daher nichts. Nachdem wir eine Handlung ausgeführt haben, treten notwendigerweise zwei Dinge ein. Entweder sie wird bestraft oder sie wird es nicht. Wenn das zweite eintritt, sind Gewissensbisse ein beklagenswerter Unsinn. Denn wozu eine Tat bereuen, die uns Vergnügen bereitet und keinerlei ärgerliche Folgen gebracht hat. Wenn die Handlung nach der Entdeckung bestraft wird, so kann man bei genauer Prüfung erkennen, daß unsere Reue nicht über den dem Nächsten zugefügten Schmerz eintritt, sondern daß wir auf unsere eigene Ungeschicklichkeit wütend sind; daß wir uns erbosen, nicht schlauer gehandelt zu haben und diese Gefühle hinter einem anderen verbergen, von dem wir uns einreden, daß es Reue sei. Zürnen wir nicht beinahe dem Opfer nach der Schlachtung, daß es uns ärgerte und wir es vernichten mußten?

Das Verbrechen ist ein Begriff, der dem ruhigen Bürger Schauer einflößt. Aber es gibt eigentlich keine Handlung, die nicht schon an irgend einem Orte zu irgend einer Zeit als Verbrechen gestempelt wurde, während man sie anderweitig hochschätzte. Kann aber eine so verworrene Bezeichnung, die geographischen, historischen und sozialen Schwankungen unterliegt, von uns anerkannt werden? Was sollte wohl aus der Erfüllung unserer Wünsche werden, wenn sie alle von so unbestimmbaren Maßstäben abhingen!

Man ahnt nicht, wie die Wollust und alles, was man unternimmt, durch die Gewißheit vergrößert werden, wenn man sich sagen kann: Hier bin ich allein, ich bin am Ende der Welt, allen Augen verborgen - kein Geschöpf kann mir zu nahe treten. Dann gibt es weder Hindernisse noch Zügel mehr.

Die Begierden erheben sich mit einem Ungestüm, das keine Grenzen mehr kennt, und die alles begünstigende Straflosigkeit erhöht in angenehmer Weise unseren Rausch. Es gibt dann keinen Gott und kein Gewissen mehr!

Was ist das Ziel des Mannes bei seiner Lust? Doch gewiß nur, seinen Nerven jene Erregung zu geben, die die letzte Krise so heiß als möglich gestalten. Ist es daher nicht lächerlich, zu behaupten, sie müsse, um voll genossen zu Werden, auch der Empfindung der Frau nahekommen? Es bedarf keines Beweises, daß uns die Frau ebensoviel nimmt, als sie gibt. Werden wir nicht ein höheres Vergnügen darin finden, die Frau zu zwingen, nur unserer Lust zu dienen, ohne Rücksicht auf ihre Freuden zu nehmen?

Ist es nicht lächerlich, wenn man von uns fordert, die anderen Menschen ebenso zu lieben als uns selbst! Was geht mich denn das Schicksal meines Nächsten an, wenn ich nur vergnügt bin. Habe ich mit den anderen Wesen eigentlich mehr gemeinsam als die äußere Form? Und dieses Spiel des Zufalls soll für meine Beschlüsse bindend sein? Ich soll weinen, weil irgend wer zu meiner Seite flennt, soll mich um einen Klumpen zappelndes Fleisch, das irgendwelche Töne heult, in meiner Ruhe, in meiner Lust stören lassen, soll mich meines Vermögens, meines Glückes berauben, nur um die Geräusche jenes Wesens zu ersticken. Ist es da nicht besser, wenn ich das Wesen wie eine zerbrochene Uhr zerschlage! Wie töricht müßte ich sein, wenn ich anders handelte.

Niemals habe ich begriffen, wie man die Toten und ihren letzten Willen achten kann. Dies hängt wahrscheinlich mit der lächerlichen Idee von der Unsterblichkeit der Seele zusammen. Wer, wie ich, davon überzeugt ist, daß wir nur ein erbärmliches Staubkörnchen sind, wird der entkörperten Materie nie irgendwelche Bedeutung beilegen. Aber unser Stolz kann sich mit dem Gedanken, nach dem Tode in ein Nichts zu zerfließen, nicht befreunden. Darum denkt man an ein Leben nach dem Tode, fabelt von Seelen, von Geistern, fürchtet sie und befolgt ihren letzten Willen. Sobald wir aber überzeugt sind, daß wir nach dem Tode nur einen Haufen Dreck darstellen, werden wir auch den Leichen keine Grabmäler, keine Lobreden mehr weihen, sondern sie so schnell als möglich verscharren oder verbrennen.

Die Heuchelei ist in der Welt notwendig, und man hält selten denjenigen für verbrecherisch, der allem gegenüber Gleichgültigkeit zeigt. Nicht jeder ist so unglücklich und so ungeschickt wie Tartuffe; übrigens darf man auch die Heuchelei nicht so weit treiben, die Tugend anbeten zu wollen; man muß sich nur darauf beschränken, dem Verbrechen gegenüber gleichgültig zu sein. An zu viel Tugend glaubt die Welt heute nicht mehr und wittert Ausschweifungen, wenn wir die Keuschen spielen. Nein, man gebe sich harmlos, wie sich die Dummköpfe geben, die es wirklich sind.

Die Zerstörung, das oberste aller Gesetze, weil nichts ohne sie geschaffen werden kann, gefällt der Natur weit mehr als die Fortpflanzung, die von einer griechischen Philosophenschule mit Recht das Ergebnis von Morden genannt wird.

Es gibt keine andere Hölle für den Menschen, als die Dummheit und Bosheit von seinesgleichen.

Die Hartherzigkeit der Reichen berechtigt die Armen zu ihrer Schlechtigkeit. Ihre Schatzkammern mögen sich öffnen, die Menschlichkeit soll in ihre Herzen einziehen, und wir werden nur für die Tugend leben. Die Natur hat uns alle gleich geschaffen. Wenn sich das Schicksal mit seiner ungerechten Härte darin gefällt, dieses Grundgesetz umzustoßen, so ist es unsere Sache, seine Launen zu korrigieren. Ich höre ihnen gern zu, den reichen Leuten, den Beamten, Militaristen und Priestern, wenn sie der Welt die Tugend predigen. Man kann leicht keine Lust zum Diebstahl haben, wenn man dreimal soviel besitzt, als man zum Leben braucht, leicht keine Lust zum Morde empfinden, wenn einem alles mühelos in den Schoß fällt. Wenn uns die Natur in eine Lage versetzt, in der die Missetat zur Notwendigkeit wird, und sie uns gleichzeitig die Möglichkeit schenkt, schlecht zu handeln, so dient das Böse ihren Gesetzen sicher ebenso wie das Gute. Der Zustand, für den sie uns schuf, war der der Gleichheit; und wer diesen Zustand zerstört, ist ebenso schuldig als ein anderer, der ihn wiederherzustellen trachtet.

Der Mensch besaß im Urzustande nur eine Eigenschaft, die ihn von seinen Gefährten unterschied: die Kraft. Sie allein führte die Ungleichheit herbei, die die Welt verpestet; denn so entstand der erste Diebstahl, der von der Natur gestattet und begünstigt wurde. Aber der Schwächere rächte sich durch die List, daß also der Betrug zur Schwester des Diebstahls und gleicherweise zur Tochter der Natur wurde. Dieses falsche Abmaß der Kräfte hat man später mit heuchlerischen Gesetzen besiegelt. Aber in demselben Grade sind List und Bosheit gewachsen, denn nur sie allein können den Übermut der Starken dämpfen.

Eine Hure ist ein liebenswertes Geschöpf, das seinen Ruf dem Glücke anderer opfert und das allein dadurch schon des höchsten Lobes wert ist. Die Hure ist ein Lieblingskind der Natur, aber ein keusches kaltherziges Mädchen ihr Auswurf. Die Hure verdient den Altar, die Vestalin den Scheiterhaufen.

Eine Frau ist erst dann glücklich, wenn sie ihren guten Ruf verloren hat; dann ist sie keiner Gefahr mehr ausgesetzt.

Nicht der Fehltritt stürzt eine Frau ins Verderben, sondern der Skandal; und zehn Millionen unbekannte Verfehlungen sind weniger gefährlich als ein leichtes Versehen, von dem jedermann erfährt.

Eine Frau sollte sich lieber mit einem gekauften Kerl als mit einem Geliebten einlassen. Der erste wird in der Regel verschwiegen sein, während der zweite sich rühmen und ihren Ruf aufs Spiel setzen kann. Ein Kutscher, ein Kammerdiener, ein Packträger – da merkt man nichts. Fällt die Frau aber einem Mann der Gesellschaft anheim, so ist sie verloren.

Schließlich kann es einem Manne ganz gleichgültig sein, wieviel Liebhaber seine Frau hat, er wird beim tausendsten nicht mehr entehrt als beim ersten. Es scheint im Gegenteil, als ob der Fehltritt durch häufige Wiederholung verringert würde - denn einer verwischt das Gedenken an den anderen.

Alle sentimentalen Liebhaber sind Trottel: sie entschädigen die Frau mit schönen Worten.

Eine Frau sollte niemals das Leben ihres Mannes leichtsinnig aufs Spiel setzen, denn sie hat alle Ursache, die Lebenstage ihres Gatten nicht zu verkürzen. Eine Frau braucht lange Zeit, um ihren Mann kennen zu lernen; wenn sie sich aber schon einmal dieser Mühe unterzogen hat, wozu soll sie es ein zweites Mal tun? Sie würde in keinem Fall etwas dabei gewinnen, denn sie sucht ja in ihrem Gatten keinen Geliebten, sie will durch ihn in ihrer Bequemlichkeit unterstützt werden, und das erreicht sie durch Gewöhnung besser als durch ewigen Wechsel.

Eine Frau nimmt unerhört rasch die Grundsätze des Mannes an, der sie besessen hat.

Wie kann ein Mädchen so einfältig sein und glauben, daß ihre Tugend von der mehr oder minder großen Weite eines ihrer Körperteile abhängt. Die Keuschheit, die man uns von Kindheit an als Tugend betrachten lehrte, beleidigt sichtbar die Natur und die menschliche Gesellschaft.

Man muß sich wohl hüten, zu glauben, die Heirat vermehre das Glück eines Mädchens. Wer einmal am Altar Hymens gefesselt wurde, hat neben vielen Unannehmlichkeiten sehr wenig Vergnügen zu erwarten. Eine Frau aber, die sich der freien Liebe hingibt, kann sich leicht vor den Gewalttätigkeiten ihres Liebhabers schützen oder die Schläge des Schicksals in den Armen zahlreicher Liebhaber vergessen.

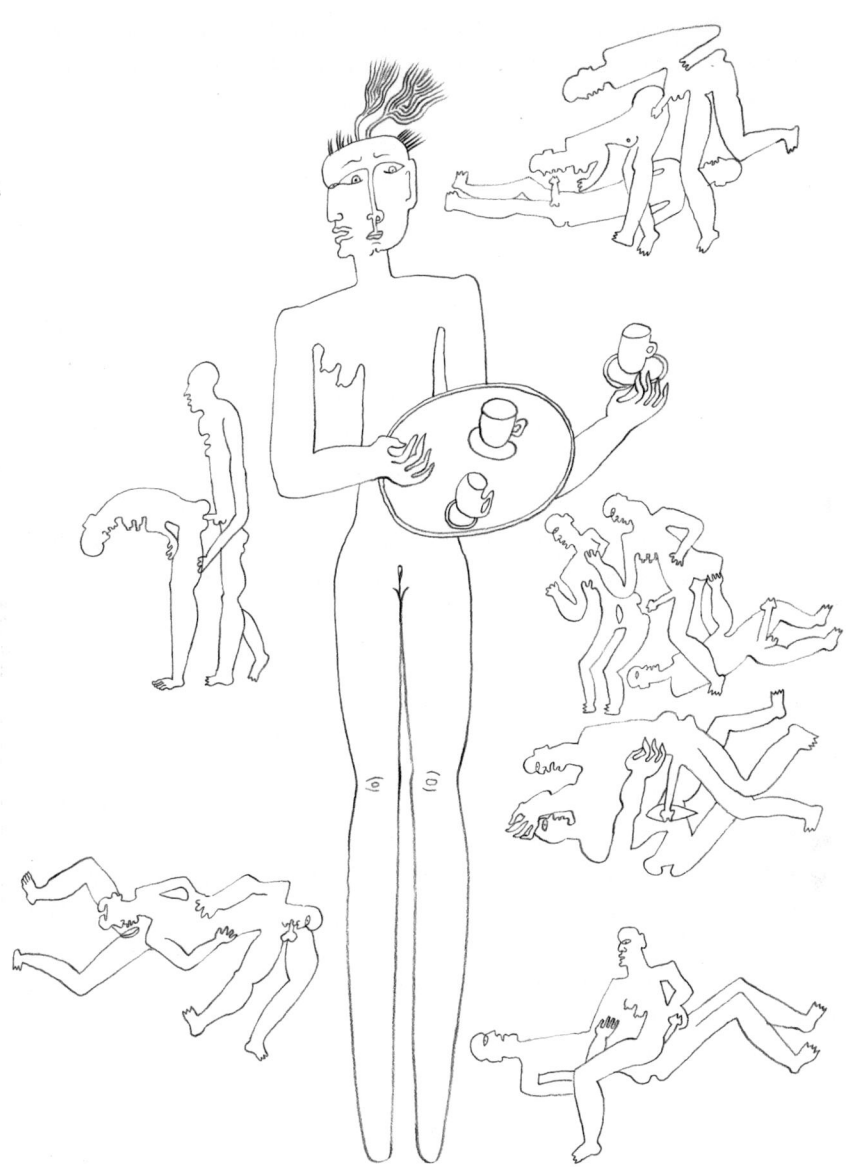

Wir empfinden nichts, was nicht der Natur zur Erreichung ihrer Ziele dient. Benötigt sie neue Wesen, so flößt sie uns Liebe ein. Wird ihr die Zerstörung notwendig, so pflanzt sie in unsere Herzen Rachedurst, Geiz, Wollust und Ehrgeiz. Aber sie arbeitet immer nur für sich selbst, und wir sind nur die schwachen Werkzeuge ihrer Launen.

Die Natur gestattet die Fortpflanzung, aber man muß sich hüten, ihre Erlaubnis für einen Befehl zuhalten.

Hat die Natur nicht in uns allen den Drang gelegt, reich zu werden? Wenn man das bejaht, so muß man auch jedes Mittel, das zur Erreichung dieses Zieles führt, als rechtmäßig anerkennen.

Der Mann, welcher eine Frau ganz genießen will, darf nie ihr Herz zu gewinnen suchen, denn auf diesem Wege wird er ihr Sklave und sehr unglücklich. Eine Frau ist nur dann köstlich, wenn sie den Mann von ganzem Herzen haßt - und derjenige, welcher alle Freuden der Wollust genießen will, darf nicht versäumen, sich der Frau möglichst verhaßt zu machen.

Das Laster mache nicht glücklich, sagen die Dummköpfe. Sicherlich nicht, wenn man auf die Tugend eingeschworen ist. Aber man ergebe sich einmal nur dem Bösen, dann wird man die Tugend sehr schnell vergessen und die tiefere Lust des Bösen empfinden.

So lange man die Diebe bestraft, werden sie morden, um nicht entdeckt zu werden.

Die Grausamkeit ist eine menschliche Tugend, an der die Zivilisation noch nichts zu verderben vermochte.

Das erste Mal, da man sich allein befindet, nachdem man recht lange zu zweit war, scheint es einem, als ob dem Dasein etwas fehle. Die Toren halten das für die Wirkung der Liebe; sie täuschen sich. Der Schmerz, den das Gefühl der Leere in uns wachruft, ist nur die Wirkung der Gewohnheit, ist das Unbehagen, sich neuen Verhältnissen anpassen zu müssen. Aber bald verschwindet jede Empfindung daran, daß wir uns eines Tages erschreckt fragen: was fesselte mich eigentlich die ganze Zeit an jenen Gegenstand.

Die Humanität besteht nicht darin, anderen zu helfen, sondern sich, soweit es geht, auf Kosten anderer zu ergötzen. Man verwechsle daher niemals Humanität mit Zivilisation. Die eine ist aber so wenig als die andere ein Gesetz der Natur, das man ohne Vorurteil ausüben könnte, sondern Menschenwerk - und daher ein Gemisch von Leidenschaften und Interessen. Die Natur gibt uns nur das Einfache, das ihr Gefällige ein. Immer wenn wir ihr folgen und ein Hindernis, etwas Kompliziertes finden, ist es Menschenwerk.

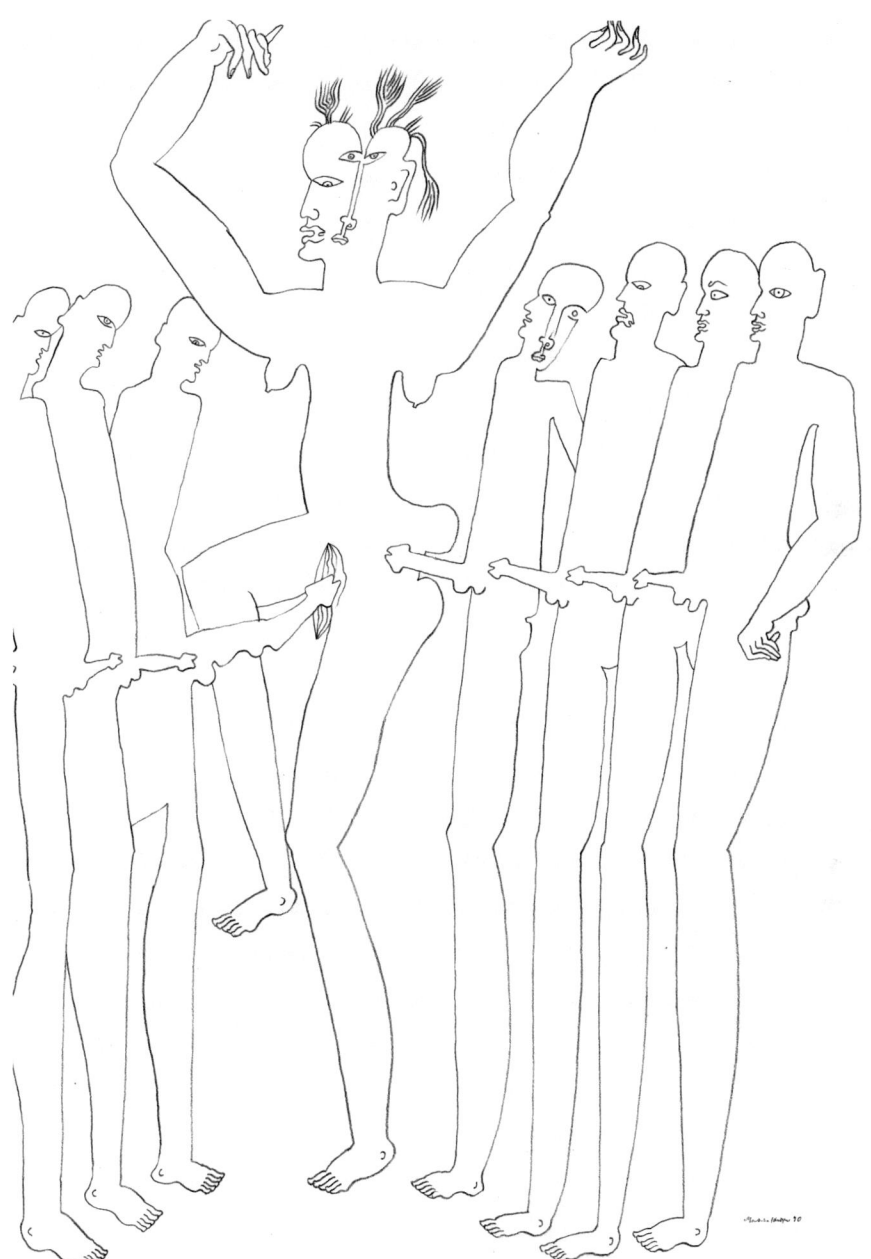

Gibt es eigentlich etwas Frecheres, als daß sich die Menschen den Tieren gegenüber die Vorherrschaft in der Welt anmaßen? Wenn man sie fragt, worauf diese Überhebung gegründet sei, antwortete sie einfältig „Auf unsere Seele". Bittet man sie aber um eine Erklärung, was sie unter diesem Worte verstehen, so hört man sie stammeln und sich in Widersprüche verwickeln, wobei sie aber stets versichern, daß diese Seele unsterblich sei. Wir lachen über die Einfalt primitiver Völker, bei denen es Sitte ist, den Toten Lebensmittel ins Grab zu legen. Was ist aber abgeschmackter: Der Glaube, daß die Seele nach dem Tode essen werde, oder die Überzeugung, daß sie alsdann glücklich oder unglücklich, in der Sprache der Welt: im Himmel oder in der Hölle sein werde?

Es gibt kein Verbrechen gegen die Natur. Die Menschen glauben daran, denn sie haben alles dazu stempeln müssen, was sie irgendwie störte. Deshalb kann ein Mensch einem anderen Unrecht tun, niemals aber der Natur.

Man schätzt heutigentags nur das, was etwas einbringt oder was ergötzt. Welchen Nutzen oder welchen Genuß können wir aber aus der Tugend einer Frau ziehen? Ihre Verliebtheit gefällt und erfreut uns, aber ihre Keuschheit ist uns nur langweilig.

Die von der Revolution aufgestellte „Gleichheit" ist nichts als die Rache des Schwachen an dem Starken. Aber dieser Umschwung hat doch etwas Gutes, denn dabei kommt schließlich jeder einmal an die Reihe. Zuletzt ändert sich der Zustand ja doch wieder, denn nichts steht in der Natur fest.

Morden heißt, die Formen der Natur variieren.

Der Wille der Natur ist erfüllt, sobald eine Frau schwanger ist; was kümmert es sie aber, ob die Frucht reif oder noch grün gepflückt wird.

Die Scham ist nur ein Wahngebilde, nur ein Ergebnis der Sitten und Erziehung; sie ist das, was man Angewöhnung nennt.

Vernunft und Wahnsinn, Tugend und Laster sind Produkte der Außenwelt und ihrer Eindrücke auf den Organismus.

Die Philosophie dient nicht dazu, die Schwachen zu trösten; sie hat nur den Zweck, dem Geiste Gerechtigkeit widerfahren zu lassen und jedem Vorurteil ein Ende zu bereiten.

Was hat Zärtlichkeit mit der Liebe zu tun? Vergrößert sie unsere Empfindungen? Im Gegenteil, sie dämpft das Vergnügen, indem sie dem Manne körperliche Schranken zugunsten der Moral setzt.

Die Menschen waren ursprünglich neidisch, grausam und despotisch, jeder wollte alles für sich haben und nichts abtreten. So stritten sie sich ununterbrochen um ihr Recht. Da kam der Gesetzgeber und sagte: „Höret auf, euch zu zerfleischen. Wenn ihr jeder dem anderen ein Teil abgebet, wird Friede herrschen." Ich will nichts gegen den Vorschlag an sich sagen. Aber es gibt zweierlei Menschenklassen, die immer gegen seine Ausführung sein werden. Das sind die Starken, die es nicht nötig haben, etwas abzugeben, um glücklich zu sein - und die Schwachen, die viel mehr abtreten müssen, als sie wieder erhalten werden. Die Gesellschaft besteht nur aus starken und schwachen Wesen - weshalb sich der einstige Kriegszustand als der vorteilhaftere erweisen muß, da er jedem freie Ausübung seiner Kräfte und seiner Tätigkeit läßt. Das wahrhaft kluge Wesen lehnt sich gegen den Vertrag auf und verletzt ihn, so oft es kann, denn es erreicht dadurch ebenso viele Vorteile, wie es als unterwürfiges Wesen Nachteile hätte. Denn sowie ein Mensch einen Vertrag erfüllt, ist er der Schwächere, sowie er ihn bricht – der Stärkere. Wenn die Gesetze ihn wieder in die Klasse der Schwachen zurückstoßen wollen, ist das Schlimmste, was ihm bei einer Auflehnung zustoßen kann, der Tod. Aber der ist unendlich weniger zu beklagen, als ein Dasein in Elend und Unglück. Immer der Starke sein - das ist das ganze Geheimnis des Lebens.

Martina Kügler

1945 in Schreiberhau, Schlesien geboren
1966 Gesellenprüfung als Farblithographin
1966 – 1972 Studium an der Städelschule, Frankfurt am Main bei
Johann Georg Geyger und Karl Bohrmann
Zahlreiche Publikationen und Ausstellungen. Vertreten u.a. in der
Kunstsammlung der Deutschen Bank